3行レシピでつくる
居酒屋おつまみ 厳選100

検見﨑聡美

青春出版社

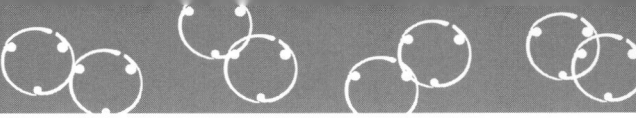

居酒屋で人気のおつまみをわが家で。

たこの唐揚げでビールをぐびぐびっ、春菊の白あえにワインをあわせ、ごぼうのつくねで焼酎を……おいしいお酒には、おいしい肴が欠かせません。居酒屋で食べたあのおつまみが家で作れたら、最高ですね。

この本では、そんな酒呑みの心をつかむ居酒屋で人気のおつまみを紹介しています。

どれもレシピはたったの3行。驚くほど簡単なのに、笑っちゃうほどおいしいおつまみ１００品を、選りすぐりました。「パパッと作れてうまい！」これ、おつまみの理想です。

おいしいものがあれば、それだけで毎日が楽しくなります。一日の終わりにわが家でゆっくりと、居酒屋気分を味わってください。

3行レシピでつくる居酒屋おつまみ厳選100

おしながき

本日のおすすめ

さけのマヨネーズ焼き 16
ししゃもの南蛮漬け 18
さんまのハーブ焼き 20
大根とベーコンの洋風煮 22
ぶりの照り焼きカレー風味 24

とりあえずの一品

かきの磯辺焼き 26
あさりと小ねぎの卵とじ 28
はまぐりのナンプラー炒め 30
手羽先の塩揚げ 32
豚肉のザーサイ蒸し 34
ゴーヤーチャンプルー 36
たたきとろろの梅肉がけ 38
かぶの粒マスタードあえ 39
白菜の塩昆布あえ 40
きゃべつとザーサイのあえ物 41
ねぎチャーシュー 42

セロリの明太子あえ　43
とうがんのしょうが酢あえ　44
うなぎとゴーヤーの甘酢あえ　45
コンビーフと玉ねぎのマヨあえ　46
トマトとオリーブの即席マリネ　47
五色納豆　48

刺身

たこわさび　50
あじのタルタル　51
かつおのエスニック風たたき　54
たいと焼きねぎの梅だれ　55
しめさばとみょうがのあえ物　58

焼き物

いわしのレモンマリネ 59
たいのコチュジャンあえ 62
かきのキムチ 63
焼き鳥 68
ごぼうのつくね 69
ささみのわさび焼き 72
焼きたけのこ 73
納豆いなり 76
厚揚げのマヨネーズ焼き 77
えびのパン粉焼き 80
豚ばら肉のセロリ巻き 81

鶏手羽ナンプラー　84
サテー　85

揚げ物・炒め物

たこの唐揚げ　90
ちくわの磯辺揚げ　91
みょうがのおかか揚げ　94
ねぎのかわり天ぷら　95
豚肉の高菜炒め　98
鶏ねぎ甘辛炒め　99
長いもとベーコンの黒こしょう炒め　102
さといものにんにくソテー　103
トマトとたこのバターじょうゆ炒め　106

いかのカレー炒め 107
ほうれん草の塩辛炒め 110
たくあんともやしのごま炒め 111

チーズ・豆富料理

カマンベールのフライ 116
春巻きピザ 117
チーズフォンデュ 120
チーズディップ 121
じゃがいものチーズ焼き 124
アスパラガスのチーズ焼き 125
もちチーズ焼き 128
豆富の照り焼き 129

豆富のトマトソース煮　132
豆富のみそ漬け　133

小鉢・小皿料理

三つ葉と油揚げのかつおぶしあえ　138
春菊の白あえ　139
カリフラワーの酢みそがけ　142
オクラの煮びたし　143
じゃがいもとコンビーフのわさび漬けあえ　146
新じゃがの酢の物　147
ふきのみそマヨネーズ　150
うどのアンチョビサラダ　151
えび春巻き　154

なすの薬味酢 155
ししとうのみそ炒め 158
にらとゆばの炒め煮 159

とっておきの一品

牛肉のたたき 164
ビーフストロガノフ 165
ソーセージのトマト煮 168
ブロッコリーのマヨネーズグラタン 169
きんめだいのアクアパッツァ風 172
わかさぎのフリット 173
さばのココナッツミルク煮 176
エスニックオムレツ 177

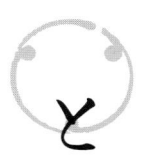

牛肉のタイ風サラダ　180
チヂミ　181

漬け物・サラダ

中華風たたききゅうり　186
きゅうりのゆかり漬け　186
かぶの中華風しょうゆ漬け　187
かぶの辛子漬け　187
きゃべつのもみ漬け　190
レタスのもみ漬け　190
セロリのにんにくじょうゆ漬け　191
新しょうがの甘酢漬け　191
トマトの中華風サラダ　194

しんなり大根サラダ 194
パプリカのコールスロー 195
ブロッコリーのオニオンドレッシングサラダ 195
かぼちゃの梅サラダ 198
新玉ねぎの和風サラダ 198
いんげんのピーナッツあえ 199
にんじんのソムタム 199

ウンチクおつまみ
ビール66　日本酒88　焼酎114　ワイン136　泡盛162　ウイスキー184

おもな材料別さくいん〈50音順〉 202

■本文中の材料は、すべて作りやすい分量です。
■大さじ１は15cc、小さじ１は５cc、１カップは２００ccです。

本書は２００５年11月と２００６年11月に小社より刊行された『３行レシピでつくる居酒屋おつまみ』『３行レシピでつくる居酒屋旬のおつまみ』から１００品を厳選し、撮り下ろしの写真とともに再構成したものです。

デザイン　金倉デザインルーム
撮影　小野岳也
スタイリング　檀野真理子
スタイリングアシスタント　井上聡子
料理アシスタント　大木詩子

【本日のおすすめ】

季節を感じるおつまみです。
うまい酒と旬の肴を心ゆくまで堪能してください。

さけのマヨネーズ焼き

らっきょうで作るタルタル風のソースが味の決め手です。

【材料】

甘塩さけ　1切れ
マヨネーズ　大さじ2
らっきょう　1コ
おろしにんにく　少々

【作り方】

1 らっきょうはみじん切りにする。マヨネーズ、らっきょう、おろしにんにくを混ぜ合わせる。
2 さけはオーブントースターで5～6分焼く。
3 さけにほぼ火が通ったら**1**をのせてさらに5～6分焼き、食べやすいように切って盛りつける。

らっきょうの代わりに、たくあんやザーサイのみじん切りを使ってもおいしい。

ししゃもの南蛮漬け

面倒な魚の南蛮漬けも、ししゃもを使えばとってもかんたん！

【材料】

ししゃも　5～6尾
ポン酢しょうゆ　大さじ1
ごま油　小さじ1/2
砂糖　少々
こしょう　少々
一味唐辛子　少々

【作り方】

1 ししゃもは焼き網やオーブントースターでこんがり焼いて、バットに並べる。
2 ししゃもが熱いうちに、ポン酢しょうゆをかける。
3 **2**にごま油、砂糖、こしょう、一味唐辛子を加え混ぜ、味をなじませる。

にんじんやピーマンの細切りを一緒に漬けても。

さんまのハーブ焼き

ハーブの香りをまとったさんまは、白ワインに合わせたい。

【材料】

さんま　1尾
塩、粗びきこしょう　各少々
ローズマリー、タイム、オレガノ（フレッシュ）　各適量
オリーブ油　大さじ1

【作り方】

1 さんまは丸ごとオーブンの天板にのせ、塩こしょうする。
2 **1**にローズマリー、タイム、オレガノをちぎってのせ、オリーブ油をかける。
3 250度のオーブンで20分こんがり焼く。

オーブンがなければ、フライパンでも作れる。その場合はフライパンにオリーブ油をひき、ふたをして焼く。ハーブはフレッシュのものが手に入らなければ乾燥ハーブでもOK。

大根とベーコンの洋風煮

ベーコンのうまみをたっぷり含んだ大根がまさに絶品！

【材料】

大根　2センチ
ベーコン　2枚
にんにく　1かけ
塩、こしょう　各少々

【作り方】

1 大根は5ミリ厚さの輪切りにする。ベーコンは細切りに、にんにくは薄切りにする。

2 **1**を鍋に入れ、ひたひたになるまで湯を入れて火にかける。

3 大根が柔らかくなったら塩こしょうで味をととのえる。

ベーコンの代わりにほたての缶詰を汁ごと入れると、ちょっと豪華な煮物になる。

23 本日のおすすめ

ぶりの照り焼きカレー風味

力強いスパイシーな味つけが、ビールにぴったり。

【材料】

ぶり　2切れ
しょうゆ　大さじ1
みりん　大さじ1/2
酒　大さじ1/2
ケチャップ　小さじ1
カレー粉　小さじ1
おろしにんにく　少々

【作り方】

1 ぶりはひと口大に切る。
2 しょうゆ、みりん、酒、ケチャップ、カレー粉、おろしにんにくを合わせ、**1**を漬けて30分ほどおく。
3 ぶりの水気を軽くきり、焼き網やグリルでこんがり焼く。

フライパンにサラダ油を熱して焼いてもOK。さけやかじきまぐろ、鶏肉や豚肉でもおいしい。

25 本日のおすすめ

かきの磯辺焼き

磯の香りがたまらない、日本酒が呑みたくなる一品です。

【材料】

生がき（むき身）　250グラム
しょうゆ　大さじ2
酒　大さじ1
みりん　大さじ1
ごま油　適量
もみのり　適量

【作り方】

1 生がきは塩水で洗って水気をきり、しょうゆ、酒、みりんをからめて30分おく。

2 フライパンにごま油を熱し、水気をきった**1**をさっと炒める。

3 たっぷりと用意したもみのりに**2**をとり、全体にまぶす。

しょうゆ、酒、みりんを、オイスターソース大さじ1としょうゆ大さじ1に変えると、紹興酒にぴったりな中華風のおつまみになる。

あさりと小ねぎの卵とじ

ゆっくり呑みたくなる、うまみたっぷりのやさしい味わい。

【材料】

あさりのむき身　100グラム
小ねぎ　$\frac{1}{2}$束
卵　1コ
だし汁　1カップ
しょうゆ　小さじ2
みりん　大さじ1

【作り方】

1 あさりのむき身は塩水でふり洗いする。小ねぎは小口切りにする。

2 鍋にだし汁を煮立て、しょうゆとみりんで味をととのえ、**1**を加えてひと煮立ちさせる。

3 あさりがふっくらしたら、溶きほぐした卵を流し入れ、ふんわり火をとおす。

小ねぎの代わりに三つ葉でもおいしい。

はまぐりのナンプラー炒め

うまみたっぷりのはまぐりを、アジアが香るピリ辛味で。

【材料】

はまぐり　300グラム
にんにく　1かけ
唐辛子　1本
サラダ油　適量
ナンプラー　大さじ1
香菜　適宜

【作り方】

1 はまぐりは砂抜きする。にんにくはつぶし、唐辛子はちぎって種を取り除く。

2 フライパンにサラダ油、にんにく、唐辛子を入れて弱火にかける。

3 香りが立ったらはまぐりを入れて強火にし、ナンプラーをふってふたをして3～4分蒸し焼きにする。ときどきフライパンをゆすって、はまぐりが開いたらできあがり。皿に盛りつけ、香菜を添える。

はまぐりがなければ、あさり、いか、えびでもOK。魚介類は火をとおしすぎるとかたくなるので注意して。

31 本日のおすすめ

手羽先の塩揚げ

手づかみでかぶりついて、ビールぐびぐびっ！

【材料】

鶏手羽先　4本
塩　少々
酒　少々
おろしにんにく　適量
揚げ油　適量

【作り方】

1手羽先は塩、酒、おろしにんにくをもみ込む。
2140～150度の油で**1**を揚げる。
3こんがりと揚げ色がついてカリカリになったら取り出し、油をきる。

レモンをたっぷりしぼっても、スイートチリソースをつけながら食べてもおいしい。

豚肉のザーサイ蒸し

酒呑みの心をがっちりつかむ簡単レンジ蒸し。

【材料】

豚こま切れ肉　100グラム
味つけザーサイ　50グラム
きゃべつ　1～2枚
オイスターソース　大さじ1
ごま油　小さじ1
こしょう　少々

【作り方】

1 豚こま切れ肉にオイスターソース、ごま油、こしょう、みじん切りにした味つけザーサイを合わせてもみ込む。

2 耐熱皿にざく切りにしたきゃべつをしき、その上に**1**をのせる。

3 ラップをふんわりかけて電子レンジで3分加熱する。

豚肉の代わりに鶏肉や白身魚でも同様に作れる。

ゴーヤーチャンプルー

夏限定の酒の肴は、ビールや泡盛と。

【材料】

ゴーヤー　1/2本
ベーコン　2枚
サラダ油　大さじ1
卵　1コ
塩　少々

【作り方】

1 ゴーヤーは縦半分に切って種とわたを取り除き、5ミリ厚さに切る。ベーコンは細切りにする。

2 フライパンにサラダ油を熱し、ゴーヤーとベーコンをさっと炒める。

3 溶きほぐした卵を流し入れ、塩で味をととのえる。

にんじんや玉ねぎの細切りを加えると、彩りも栄養バランスもアップする。

【とりあえずの一品】

切って混ぜればできあがり!
「お通し」感覚のスピードおつまみです。

たたきとろろの梅肉がけ

甘酸っぱくてシャリシャリの食感。

【材料】

長いも　5～6センチ
梅肉ペースト　大さじ1
しょうゆ　少々
砂糖　少々

【作り方】

1長いもは皮をむいて酢水（水1カップ、酢大さじ1）に10分つけ、ぬめりを洗い落として水気を拭く。

2長いもをビニール袋に入れてビンなどで叩きつぶし、盛りつける。

3梅肉ペースト、しょう油、砂糖を混ぜて**2**にかける。

かつおぶしや青のりをふりかけてもおいしい。

かぶの粒マスタードあえ

サラダ仕立ての洋風おつまみ。

【材料】

かぶ　2コ
粒マスタード　大さじ2
オリーブ油　大さじ2
酢　大さじ2
塩　小さじ1/2
おろしにんにく　少々

【作り方】

1 かぶは皮ごと5ミリ厚さに切り、塩水（水1カップ、塩小さじ1）につけてしなやかになったら水気をしぼる。
2 粒マスタード、オリーブ油、酢、塩、おろしにんにくを混ぜ合わせる。
3 **1**を**2**であえる。

塩をしょうゆ大さじ1に変えると、和風テイストに。

白菜の塩昆布あえ

塩昆布が調味料として頑張ってます。

【材料】

白菜　1～2枚

塩昆布　大さじ2

【作り方】

1 白菜は細切りにする。

2 白菜と塩昆布をあえる。

3 そのまましばらくおけばできあがり。

さらにマヨネーズであえたり、ごま油を数滴たらしたりしても。

きゃべつとザーサイのあえ物

だれもが納得のビールのとも。

【材料】

きゃべつ　3枚
味つけザーサイ　1/4カップ
塩、こしょう、ごま油　各少々

【作り方】

1 きゃべつはやや太めのせん切りにする。
2 味つけザーサイはせん切りにする。
3 きゃべつとザーサイを合わせ、塩、こしょう、ごま油であえる。

ザーサイの代わりに、せん切りにしたたくあんやしば漬けを使ってもいい。

ねぎチャーシュー

中華料理の前菜風おつまみです。

【材料】

焼き豚　3枚
長ねぎ　$\frac{1}{2}$本
塩、こしょう、ごま油　各少々

【作り方】

1 焼き豚は細切りにする。
2 長ねぎは斜め薄切りにして水にさらし、水気をきる。
3 焼き豚と長ねぎを合わせ、塩、こしょう、ごま油であえる。

ねぎの代わりに、薄切りにした玉ねぎやきゅうりでもおいしい。

セロリの明太子あえ

どんなお酒にも不思議と好相性。

【材料】

セロリ　1本
明太子　$\frac{1}{2}$腹
みりん、ごま油　各少々

【作り方】

1 セロリは斜め薄切りにする。
2 明太子は薄皮を取り除いてほぐす。
3 セロリと明太子を混ぜ合わせ、みりんとごま油であえる。

マヨネーズを少量加えても。

とうがんのしょうが酢あえ

暑い夏にうれしいさっぱり味。

【材料】

とうがん　200グラム
酢　大さじ3
みりん　大さじ1
塩　小さじ1/4
しょうがのすりおろし　1かけ分

【作り方】

1 とうがんはわたを取って薄く皮をむき、薄切りにする。

2 **1**を塩（分量外）でもんで、しなやかになったら水気をしぼる。

3 酢、みりん、塩、しょうがのすりおろしを合わせ、**2**をあえる。

しょうがのすりおろしを、すりごま大さじ1に変えてもおいしい。

うなぎとゴーヤーの甘酢あえ

意外な組み合わせで驚きのうまさ。

【材料】

うなぎの蒲焼き　1枚
ゴーヤー　1本
酢　大さじ3
砂糖　大さじ1
みりん　大さじ1
昆布だし　大さじ1
塩　小さじ1/2

【作り方】

1 うなぎの蒲焼きは1センチ幅に切る。
2 ゴーヤーは種とわたを取り除き、薄切りにしてさっとゆでる。
3 酢、砂糖、みりん、昆布だし、塩を混ぜ合わせ、うなぎとゴーヤーをあえる。

ゴーヤーの苦味が苦手ならきゅうりで。

コンビーフと玉ねぎのマヨあえ

ワインやビールに合わせたい。

【材料】

コンビーフ　1/2缶（50グラム）

玉ねぎ　1/4コ

マヨネーズ　大さじ2

粗びきこしょう　少々

【作り方】

1 コンビーフは1センチ角に切る。

2 玉ねぎは薄切りにする。

3 **1**と**2**を混ぜ合わせ、マヨネーズと粗びきこしょうであえる。

好みで粒マスタードを加えてもいい。

トマトとオリーブの即席マリネ

洋風なのに、らっきょうが隠し味。

【材料】

ミニトマト　12～13コ
ブラックオリーブ　5～6コ
グリーンオリーブ　5～6コ
らっきょうの甘酢漬け　2コ
塩、こしょう、オリーブ油　各少々

【作り方】

1 ミニトマトは半分に切る。らっきょうの甘酢漬けはみじん切りにする。
2 ミニトマト、ブラックオリーブ、グリーンオリーブ、らっきょうを混ぜ合わせる。
3 塩、こしょう、オリーブ油であえて、冷蔵庫で冷やす。

モッツァレラチーズを角切りにして加えると、よりワインに合うおつまみに。

五色納豆

食感が楽しいヘルシーなおつまみ。

【材料】

納豆　1パック
いか（刺身用）　30グラム
まぐろ（刺身用）　30グラム
たくあん　1センチ
万能ねぎ　2本
焼きのり　1/2枚
しょうゆ　適量

【作り方】

1 納豆を軽く混ぜて器に入れる。
2 いか、まぐろ、たくあんは5ミリの角切りに、万能ねぎは小口切りにする。焼きのりは細かくちぎる。
3 納豆に**2**を彩りよく盛りつけ、しょうゆをかける。

ごはんと一緒にレタスで巻いて食べるのもおすすめ。

【刺身】

買ってきた刺身にひと手間加えれば、
居酒屋風の素敵な一品に変身します。

たこわさび

あじのタルタル

たこわさび

ツーンとくる爽やかな辛みとたこの味わい…絶品です。

【材料】

ゆでたこ（足）　2本
わさび漬け　大さじ2
しょうゆ　少々

【作り方】

1 ゆでたこはぶつ切りにする。
2 わさび漬けにしょうゆを2～3滴混ぜる。
3 **1**を**2**であえる。

いかの刺身、ぶつ切りにしたちくわ、細切りにしたさつま揚げでもおいしい。

あじのタルタル

白ワインによく合う、フレンチ風のあじのたたき。

【材料】

あじ（生食用）　1尾
オリーブ油　大さじ1
塩　少々
粗びきこしょう　少々
オリーブ　2コ
ピクルス　1コ
チリソース　少々

【作り方】

1 あじは3枚におろし、腹骨、小骨を取り除いて皮をひく。包丁で細かくたたき、皿に盛りつける。

2 オリーブ油、塩、粗びきこしょうをふりかける。

3 みじん切りにしたオリーブとピクルス、チリソースを添える。

まぐろ、たい、ほたてなどでも試してみて。

かつおのエスニック風たたき

たいと焼きねぎの梅だれ

かつおのエスニック風たたき

いつものかつおのたたきが、アジアンテイストに！

【材料】

かつお（刺身用のサク）　100グラム
にんにく　1かけ
しょうが　1かけ
香菜　2本
ナンプラー　大さじ1/2
ライム　適量

【作り方】

1 かつおは熱したフライパンで表面をこんがり焼きつける。
2 にんにくとしょうがは薄切りにする。
3 かつおを1センチ厚さに切って皿に盛りつけ、**2**と香菜を添える。全体にナンプラーをふりかけ、ライムをしぼる。

薬味として、長ねぎの薄切りやしそのせん切りをプラスしても。

たいと焼きねぎの梅だれ

日本酒と楽しみたい、甘酸っぱくて香ばしい上品な味わい。

【材料】

たい（刺身用）　10切れ
長ねぎ　1本
梅肉ペースト　大さじ2
砂糖　大さじ2
しょうゆ　小さじ1
酢　小さじ1

【作り方】

1 長ねぎは適当な長さに切って、焼き網でこんがり焼き、1センチ幅の斜め切りにする。
2 梅肉ペースト、砂糖、しょうゆ、酢を混ぜ合わせる。
3 たいと焼きねぎを合わせ、**2**であえる。

梅肉ペーストは、梅干しの種を取って果肉を包丁で細かく刻んで作る。

しめさばとみょうがのあえ物

いわしのレモンマリネ

しめさばとみょうがのあえ物

簡単なのに、一度食べたらやみつきになるおいしさです。

【材料】

しめさば　1枚
みょうが　2〜3コ
しょうゆ　少々

【作り方】

1 しめさばは頭の側から薄皮をむき、細切りにする。
2 みょうがは小口切りにする。
3 しめさばとみょうがを合わせ、しょうゆを加えてあえる。

水にさらした玉ねぎの薄切り、しょうがのせん切りを一緒にあえてもおいしい。

いわしのレモンマリネ

レモンが爽やかなマリネは、キリッと冷えた白ワインと。

【材料】

いわし（生食用）　2尾
塩　適量
酢　適量
レモン　$\frac{1}{2}$コ
玉ねぎ　$\frac{1}{4}$コ
オリーブ油　大さじ2
塩、こしょう　各少々

【作り方】

1 いわしは3枚におろして皮をひく。レモンは輪切りに、玉ねぎは薄切りにする。

2 いわしをバットに並べ、塩をふってひたひたになるまで酢を注ぎ、いわしの表面が白くなるまでおく。

3 いわしの汁気を拭いてそぎ切りにする。いわし、レモン、玉ねぎを合わせてオリーブ油であえ、塩こしょうで味をととのえる。

レモンの代わりにすだち、塩こしょうの代わりにしょうゆで仕上げると、日本酒に合うマリネに。

たいのコチュジャンあえ

かきのキムチ

たいのコチュジャンあえ

ビールはもちろん、意外に日本酒にも合います。

【材料】

たい（刺身用のサク）　50グラム
ごま油　大さじ$\frac{1}{2}$
コチュジャン　大さじ1
しょうゆ　少々
ごま（白）　少々
万能ねぎ　適量

【作り方】

1 たいは1センチ角に切る。
2 **1**をごま油、コチュジャン、しょうゆであえる。
3 **2**を盛りつけてごまをふり、万能ねぎを添える。

白身魚の刺身はもちろん、たこやいかの刺身を使ってもおいしい。ねぎやにんにくのみじん切りを加えても。

かきのキムチ

力強いおいしさに、つい呑みすぎてしまいそう。

【材料】

生がき（生食用）　250グラム
長ねぎ　10センチ
おろしにんにく　少々
しょうゆ　大さじ1
酒　大さじ1
コチュジャン　大さじ1
ごま油　大さじ1

【作り方】

1 生がきは塩水で洗って水気をきる。長ねぎはみじん切りにする。

2 長ねぎ、おろしにんにく、しょうゆ、酒、コチュジャン、ごま油を合わせる。

3 **2**にかきを加えてあえる。

作りたてもいいが、あえてから30分ほどおくと味がよくなじむ。

ウンチクおつまみ

ビールの話

生ビールって、何が「生」なの？

「生」というのは、殺菌のための熱処理がされていません、という意味。こういうと不衛生なようですが、もちろんそんなことはありません。微生物管理や濾過の技術の向上により、熱処理をしなくても製造が可能になったのです。

かつてビンビールや缶ビールは、品質を保つために熱処理をするのが普通でしたが、現在日本では非加熱の「生ビール」が主流になっています。

おいしいビールの注ぎ方は？

クリーミーできめ細かい泡が、おいしいビールの条件です。そのためにも、注ぎ方が重要となります。始めはゆっくりと、徐々に勢いをつけて注いで泡の層を作ります。泡ができたら今度はその泡を持ち上げるようなイメージで静かに注いでいくのです。グラスは最初から最後までまっすぐ。傾けたりする必要はありません。

【焼き物】

フライパンやオーブントースターでお手軽に。
こんがり香ばしくって、お酒がすすみます。

焼き鳥

ごぼうのつくね

焼き鳥

「おつまみ」といったら、やっぱりコレ！ですよね。

【材料】

鶏もも肉　１００グラム
長ねぎ　１本
しょうゆ　大さじ２
みりん　大さじ１
砂糖　大さじ１

【作り方】

1 鶏もも肉はひと口大に、長ねぎは２センチ長さに切る。
2 しょうゆ、みりん、砂糖を合わせてたれを作る。
3 竹串に鶏肉と長ねぎをそれぞれ刺し、フライパンで油をひかずに焼き、**2**のたれをぬってさらに乾かす程度に焼く。

しょうゆをみそ大さじ２に変えるとみそだれになる。

ごぼうのつくね

さっぱり味のつくねは、ごぼうの歯ごたえがうれしい。

【材料】

鶏ひき肉　200グラム
ごぼう　$\frac{1}{5}$本（30グラム）
塩　少々
サラダ油　少々

【作り方】

1 ごぼうはささがきにする。
2 鶏ひき肉に**1**と塩を加えてよくねり、小判形にまとめる。
3 フライパンにサラダ油を熱して**2**を入れ、両面こんがりと、中まで火がとおるまで焼く。

オーブントースターで焼いてもOK。ねり辛子やゆずこしょうを添えて。

ささみのわさび焼き

焼きたけのこ

ささみのわさび焼き

ツーンとくるわさびが、ささみの滋味深い味を引き立てる。

【材料】

鶏ささみ肉　２本
酒　少々
塩　少々
わさび　少々

【作り方】

1 鶏ささみ肉はコップの底などで軽くたたいて7～8ミリ厚さに伸ばす。

2 酒と塩をふってオーブントースターで5～6分焼く。

3 鶏肉に火がとおったら表面にわさびをぬり、もう一度乾かす程度に焼く。

わさびの代わりに粒マスタードをぬれば、洋風のおつまみに変身。

焼きたけのこ

旬の素材は、シンプルに味わうのがいちばんです。

【材料】

ゆでたけのこ　1本

塩　少々

【作り方】

1 たけのこは縦に1センチ幅に切る。

2 焼き網かオーブントースターで、**1**をこんがり焼き色がつくまで焼く。

3 塩をふってできあがり。

焼きそら豆もおいしい。そら豆はさやつきのまま、さやが黒く焦げるくらいまで焼くこと。

納豆いなり

厚揚げのマヨネーズ焼き

納豆いなり

こんがり焼けた油揚げがサクサクおいしい。

【材料】

納豆　1パック
油揚げ　1枚

【作り方】

1 納豆は添付のたれと辛子を入れてよく混ぜる。油揚げはざるの上で熱湯をまわしかけ、油抜きする。

2 油揚げを半分に切って袋状に開き、納豆を入れて口をつまようじで閉じる。

3 オーブントースターで薄く焼き色がつくまで焼く。

たくあんやしば漬けのみじん切りを納豆に混ぜれば、さらにおいしい。

厚揚げのマヨネーズ焼き

意外とさっぱり食べられる和風ピザ。

【材料】

厚揚げ　1/2枚
塩、こしょう　各少々
マヨネーズ　適量

【作り方】

1 厚揚げは1センチ幅に切り、切り口を上にして耐熱容器に並べる。

2 塩こしょうして、マヨネーズをぬる。

3 オーブントースターで7〜8分、マヨネーズがこんがりするまで焼く。

マヨネーズにみじん切りにしたねぎやにんにく、しょうがを混ぜても。

えびのパン粉焼き

豚ばら肉のセロリ巻き

えびのパン粉焼き

ワインやビールがすすむ、香ばしいおつまみです。

【材料】

えび　8尾
塩、こしょう　各少々
パセリのみじん切り　少々
パン粉　少々
粉チーズ　少々
オリーブ油　大さじ1

【作り方】

1 耐熱容器に、背わたをとったえびを並べる。

2 塩、こしょう、パセリのみじん切り、パン粉、粉チーズをふりかけ、最後にオリーブ油をまわしかける。

3 オーブントースターで10分、こんがりするまで焼く。

えびの代わりに、そぎ切りにした鶏ささみ肉でも同様に作れる。

豚ばら肉のセロリ巻き

ばら肉のうまみとセロリの香りがたまりません！

【材料】

豚ばら肉　100グラム
セロリ　1/2本
塩、こしょう　各少々

【作り方】

1 セロリは7～8ミリ角のスティック状に切り、豚ばら肉で巻く。

2 フライパンを油はひかずに熱し、**1**を入れて豚肉がカリカリになるまで転がしながら焼く。

3 塩こしょうで調味する。

大根おろしとポン酢しょうゆを添えると、さっぱりおいしくいただける。

鶏手羽ナンプラー

サテー

鶏手羽ナンプラー

思わず手が出る、カリカリでエスニックな鶏手羽。

【材料】

鶏手羽中　4本
サラダ油　大さじ2
ナンプラー　大さじ1

【作り方】

1 フライパンにサラダ油を熱し、手羽中を皮目から中火で焼く。

2 焼き色がついてカリカリになったら裏返し、中まで火をとおす。

3 手羽中を皿に盛りつけ、熱いうちにナンプラーをふりかける。

ミントやレモン、おろしにんにくを添えて。

サテー

ビールとよく合う、インドネシア風の串焼き。

【材料】

豚または牛のこま切れ肉　200グラム
焼肉のたれ（市販）　大さじ3
ヨーグルト　大さじ2
カレー粉　少々

【作り方】

1 ボウルに焼肉のたれ、ヨーグルト、カレー粉を混ぜ合わせる。
2 こま切れ肉を**1**に入れてもみ込む。
3 こま切れ肉を竹串にぬうように刺して、焼き網でこんがり焼く。

もみ込みだれにピーナッツバターを少し加えると、さらに本格的なサテーになる。

ウンチクおつまみ

日本酒の話

日本酒度の「＋」「－」の意味は？

日本酒のラベルに表示されている「日本酒度」。簡単に言ってしまえば、日本酒の辛口・甘口を判断するバロメーターのひとつです。「＋5」とか「－3」というふうに数字で表され、プラスの数値が大きいほど辛口、マイナスの数値が大きいほど甘口となります。ただし、アルコール度数や酸度などによってもその味わいは左右されるので、あくまで目安として覚えておきましょう。

精米歩合でなにがわかるの？

酒の原料米の外側には、酒になったときに雑味となってしまうたんぱく質や脂質が含まれていて、それを削れば削るほど品質のいいお酒になります。「精米歩合」というのは、この外側を削り取って残った部分の割合のこと。「60％」と表示があれば、40％を削り取ったことになります。ちなみに、吟醸と大吟醸の違いはこの精米歩合の割合で、吟醸は60％以下、大吟醸は50％以下と分類されています。

【揚げ物・炒め物】

どんなお酒にも合う人気のメニューが勢ぞろい。
一品一品、おいしいアイデアがいっぱいです。

たこの唐揚げ

ちくわの磯辺揚げ

たこの唐揚げ

フライパンで作る手間いらずの揚げ物です。

【材料】

ゆでたこ　150グラム
しょうゆ　大さじ1
おろしにんにく　少々
片栗粉　適量
サラダ油　適量

【作り方】

1 ゆでたこはぶつ切りにして、しょうゆとおろしにんにくをからめて30分おく。
2 たこの汁気をきり、片栗粉をたっぷりまぶす。
3 フライパンに炒め物のときより多めのサラダ油を熱し、**2**を入れて転がしながらこんがり炒め揚げにする。

しょうゆの代わりにウスターソースを使えば、違ったおいしさが楽しめる。

ちくわの磯辺揚げ

青のりの香りがたまらない、ビールのつまみの決定版！

【材料】

ちくわ　2本
天ぷら粉　1/2カップ
水　3/8カップ
青のり　大さじ1
サラダ油　適量

【作り方】

1 天ぷら粉を水で溶き、青のりを混ぜて衣を作る。
2 ちくわは縦半分に切り、**1**の衣をつける。
3 フライパンに炒め物のときより多めのサラダ油を熱し、**2**を入れて返しながら全体が少し色づくまで炒め揚げする。

青のりの代わりに粉チーズとパセリのみじん切りを混ぜると洋風おつまみに。

みょうがのおかか揚げ

ねぎのかわり天ぷら

みょうがのおかか揚げ

香り豊かなみょうがを、口当たりが楽しいおかかの衣で。

【材料】

みょうが　3コ
天ぷら粉　1/2カップ
水　1/3カップ
かつおぶし　適量
揚げ油　適量

【作り方】

1 天ぷら粉を水で溶いて衣を作る。みょうがは縦半分に切る。

2 みょうがを衣につけて、全体にかつおぶしをまぶす。

3 150〜160度の油で**2**をからりと揚げる。

みょうがに豚薄切り肉をひと巻きしてから衣をつけても。

ねぎのかわり天ぷら

ゆかりがほのかに香る衣で、ねぎの甘みを堪能して。

【材料】

長ねぎ　1本
天ぷら粉　1/2カップ
水　3/8カップ
ゆかり　小さじ2
揚げ油　適量

【作り方】

1 長ねぎは3センチ長さに切る。
2 天ぷら粉を水で溶き、ゆかりを加えて衣を作る。
3 長ねぎに衣を薄めにつけ、170～180度の油でからりと揚げる。

ゆかりの代わりに青のりやごまもおすすめ。

豚肉の高菜炒め

鶏ねぎ甘辛炒め

豚肉の高菜炒め

ごはんに合うお惣菜は、実はおつまみとしても活躍します。

【材料】

豚ばら薄切り肉　100グラム
刻み高菜　大さじ4～5
にんにく　1かけ
唐辛子　1本
ナンプラー　少々
サラダ油　大さじ$\frac{1}{2}$

【作り方】

1 豚ばら肉は2センチ幅に切る。にんにくはみじん切り、唐辛子は種を取り除いて輪切りにする。

2 フライパンにサラダ油を熱し、にんにく、唐辛子、豚ばら肉を炒める。

3 豚ばら肉がカリカリになったら高菜とナンプラー加え、炒め合わせる。

豚ばら肉の代わりにツナ缶でもおいしい。ツナは汁気をきって使う。

鶏ねぎ甘辛炒め

甘辛いたれが、焼酎やビールと相性抜群です。

【材料】

鶏もも肉　1/2枚
（100グラム）
長ねぎ　1本
しょうゆ　大さじ1
砂糖　大さじ1/2
サラダ油　大さじ1/2

【作り方】

1 鶏もも肉は1センチ厚さのそぎ切りに、長ねぎは5ミリ幅の斜め切りにする。

2 フライパンにサラダ油を熱し、鶏肉を焼く。全体に火がとおったら長ねぎを入れて炒め合わせる。

3 しょうゆと砂糖を加えて全体にからめる。

仕上げに粉山椒をふると、上品な味わいに。

長いもとベーコンの黒こしょう炒め

さといものにんにくソテー

長いもとベーコンの黒こしょう炒め

食べごたえ充分、多めの黒こしょうがピリリとうまい！

【材料】

長いも　8センチ
ベーコン（厚切り）　2枚
サラダ油　少々
塩　少々
粗びき黒こしょう　適量

【作り方】

1 長いもは皮をむき、4センチ長さ、1センチ角の棒状に切る。ベーコンも棒状に切る。

2 フライパンにサラダ油を熱し、ベーコンを炒める。

3 ベーコンがカリカリになったら長いもを加えてさっと炒め、塩をふって粗びき黒こしょうをたっぷりかける。

長いもの代わりにゆり根、ベーコンの代わりにチョリソーやソーセージでもいい。

さといものにんにくソテー

ほっくり、ねっとり――きっと、さといもを見直します。

【材料】

さといも　2コ
にんにく　2～3かけ
オリーブ油　大さじ1
塩　少々

【作り方】

1 さといもは皮をむいて5ミリ厚さに切る。にんにくは薄切りにする。

2 フライパンにオリーブ油を熱し、にんにくとさといもを中火でじっくり炒める。

3 さといもがこんがりして柔らかくなったら、塩をふって味をととのえる。

仕上げに粉チーズをふってもおいしい。

トマトとたこのバターじょうゆ炒め

いかのカレー炒め

トマトとたこのバターじょうゆ炒め

和と洋が融合した、ワインでも日本酒でもいける味わいです。

【材料】

トマト（大）　1コ
ゆでたこ（足）　2本
バター　大さじ1
しょうゆ　大さじ1

【作り方】

1 トマトはひと口大に切る。
2 ゆでたこはぶつ切りにする。
3 フライパンにバターを熱し、トマトを炒める。こんがりしたらたこを炒め合わせ、鍋肌からしょうゆをまわし入れる。

最後にバジルの葉をちぎって加えてもいい。たこはかたくならないよう、さっと炒める。

いかのカレー炒め

いかのわたも一緒に炒めるから、コクのある仕上がりに。

【材料】

いか　1杯
にんにく　1かけ
サラダ油　大さじ1
カレー粉　小さじ1~2
ナンプラー　大さじ1

【作り方】

1 いかはわたが入ったまま丸ごと2センチ幅のぶつ切りにする。にんにくはつぶす。

2 フライパンにサラダ油を熱し、にんにくといかを炒める。

3 カレー粉をふって全体になじませ、ナンプラーで味をととのえる。

カレー粉とナンプラーを、みそ大さじ2をみりん大さじ1で溶いたものに変えると、和風のおつまみに。

ほうれん草の塩辛炒め

たくあんともやしのごま炒め

ほうれん草の塩辛炒め

酒好きの心をつかむ、塩辛を使ったアイデアおつまみ。

【材料】

ほうれん草　1束
サラダ油　大さじ1
いかの塩辛　大さじ2〜3
しょうゆ　少々

【作り方】

1 ほうれん草は色よくゆで、水気を絞って3センチ長さに切る。
2 フライパンにサラダ油を熱し、**1**のほうれん草を炒める。
3 水気がとんだら、いかの塩辛を加えてさっと炒め合わせ、火をとめてしょうゆで味をととのえる。

チンゲンサイでも同様に作れる。その場合はゆでずに直接炒める。

たくあんともやしのごま炒め

たくあんコリコリ、もやしシャキシャキ、ビールぐびぐびっ。

【材料】

たくあん　3～4切れ
もやし　$\frac{1}{2}$袋
ごま油　大さじ1
ごま　大さじ$\frac{1}{2}$

【作り方】

1 たくあんは細切りにする。
2 フライパンにごま油を熱し、たくあんともやしを炒める。
3 全体に油がまわったら、ごまをふり入れる。

ちくわやさつま揚げなど、ねり物を細切りにして一緒に炒めてもいい。

ウンチクおつまみ

焼酎の話

本格焼酎は、なにが「本格」なの？

焼酎は大きく分けて「単式蒸留焼酎（乙類）」と「連続式蒸留焼酎（甲類）」とに分けられます。単式蒸留焼酎は、構造がシンプルな単式蒸留機で蒸留されるので、原料の風味や味わいが反映されます。一方、何度も蒸留される連続式蒸留焼酎は、無色透明でクセのない味わいが特徴です。単式蒸留焼酎のなかでも、昔ながらの伝統的な製法で造られているものを特に「本格焼酎」といいます。

「またたび」の焼酎がある？

「本格焼酎」の定義のひとつに原料があります。芋、麦、米などが一般的ですが、政令で定める原料の中には驚くようなものも。これらは芋類や穀類が原料全体の中で半分以上使われていれば、原料として認められているのです。

例えば、あずき、アロエ、梅の種、えのきだけ、グリーンピース、昆布、サボテン、脱脂粉乳、トマト、ねぎ、のり、ピーマン、ふきのとう、またたび、れんこんなど…。一体どんな味の焼酎ができるのでしょうか。

【チーズ・豆富料理】

とろ～りとろけるチーズ、さっぱりヘルシーな豆腐。
どちらもお酒との相性は保証付きです。

カマンベールのフライ

春巻きピザ

カマンベールのフライ

アツアツをかじれば濃厚なチーズがとろ～りとろける。

【材料】

カマンベールチーズ　1コ
（100グラム）
薄力粉　適量
溶き卵　適量
パン粉　適量
サラダ油　適量

【作り方】

1 カマンベールチーズを放射状に6等分する。

2 カマンベールチーズに薄力粉、溶き卵、パン粉の順に衣をつける。

3 フライパンに炒め物のときより多めのサラダ油を熱し、**2**を入れて転がしながら全体が色づく程度に炒め揚げする。

パン粉にパセリ、ディル、オレガノ、タイムなどのみじん切りを混ぜても。

春巻きピザ

パリッとかるい、スナック感覚のピザです。

【材料】

春巻きの皮　1枚
ミニトマト　4コ
溶けるチーズ　30グラム
オリーブ油　少々

【作り方】

1 春巻きの皮は4等分の正方形に切る。ミニトマトは輪切りにする。

2 春巻きの皮に溶けるチーズ、ミニトマトをのせ、オリーブ油をたらす。

3 オーブントースターでチーズが溶けるまで5～6分焼く。

オリーブやアンチョビを加えると一層ピザらしくなる。

チーズフォンデュ

チーズディップ

チーズフォンデュ

世界でいちばん簡単なチーズフォンデュのレシピです。

【材料】

カマンベールチーズ　1コ

（100グラム）

フランスパン　適量

【作り方】

1 カマンベールチーズを缶やココットなど深めの耐熱容器に入れる。

2 **1**をオーブントースターに入れ、グツグツとチーズが溶けるまで加熱する。

3 冷めないうちに、角切りにしたフランスパンをチーズにひたして食べる。

ゆでた野菜やソーセージなども用意すると本格的なチーズフォンデュに。

チーズディップ

明太子風味のピリ辛味、パンや野菜スティックを添えて。

【材料】

クリームチーズ　100グラム
明太子　1腹
万能ねぎの小口切り　大さじ3〜4

【作り方】

1 クリームチーズは室温にもどし、柔らかくねる。
2 明太子は薄皮を取り除いてほぐす。
3 クリームチーズ、明太子、万能ねぎを混ぜ合わせる。

万能ねぎの代わりにミントやチャイブなどのハーブを使えば、違った風味が楽しめる。

じゃがいものチーズ焼き

アスパラガスのチーズ焼き

じゃがいものチーズ焼き

ほくほくのじゃがいもとチーズは最強の組み合わせ。

【材料】

じゃがいも　1コ
塩、こしょう　各少々
溶けるチーズ　適量

【作り方】

1 じゃがいもは皮をむいて電子レンジで3～4分加熱し、ひと口大に切る。

2 耐熱容器に**1**のじゃがいもを並べ、塩こしょうして溶けるチーズをたっぷりかける。

3 オーブントースターでチーズが溶けるまで焼く。

細切りにしたベーコンやハムを加えてもいい。

アスパラガスのチーズ焼き

ゆでずに焼くだけのアスパラが、シャキッとおいしい。

【材料】
アスパラガス　3本
粉チーズ　大さじ3
オリーブ油　少々
粗びきこしょう　少々

【作り方】
1アスパラガスは根元を切り落とし、耐熱容器に並べる。
2 **1**に粉チーズをたっぷりとかけ、オリーブ油をふりかける。
3オーブントースターで7〜8分、チーズが溶けるまで焼き、粗びきこしょうをふる。

アンチョビを刻んでチーズと一緒にのせて焼けば味に深みが出る。

もちチーズ焼き

豆富の照り焼き

もちチーズ焼き

もちとチーズのダブルのとろ〜りがたまりません！

【材料】

切りもち　2コ

溶けるチーズ　適量

【作り方】

1 切りもちは1センチの角切りにする。

2 **1**を耐熱容器に並べ、溶けるチーズをかける。

3 オーブントースターでチーズが溶けるまで焼く。

もちにケチャップやピザソースをぬって、チーズの上にハムやサラミをのせればもちピザに。

豆富の照り焼き

しっかり食べごたえのある豆腐ステーキです。

【材料】

豆腐　1丁
長ねぎ　1/2本
薄力粉　適量
ごま油　大さじ1/2
しょうゆ　大さじ1
みりん　大さじ1
酒　大さじ1

【作り方】

1 豆腐はキッチンペーパーで包み、電子レンジで3分加熱して水きりして冷ます。ねぎは1センチ幅に切る。

2 豆腐を6等分して全体に薄力粉をまぶし、ごま油を熱したフライパンで表面に焼き色がつくまで焼く。一緒にねぎも焼く。

3 しょうゆ、みりん、酒を入れて豆腐とねぎにからめる。

カレー粉少々を加えてもおいしい。

豆富のトマトソース煮

豆富のみそ漬け

豆富のトマトソース煮

からだにやさしい、ワインにも合う豆腐のおつまみ。

【材料】

豆腐　1丁
薄力粉　適量
サラダ油　大さじ1
トマトソース（市販）　1缶
（200グラム）

【作り方】

1 豆腐はキッチンペーパーで包み、電子レンジで3分加熱して水きりをし、ひと口大に切る。

2 フライパンにサラダ油を熱し、薄力粉をまぶした豆腐をこんがりと焼く。

3 トマトソースを注ぎ、ひと煮立ちさせる。

辛いのが好きな人は、豆腐と一緒に唐辛子を炒めるか、最後にタバスコをふりかけて。

豆富のみそ漬け

沖縄の珍味・豆腐ように近い味わいです。

【材料】

豆腐　1丁
みそ　適量

【作り方】

1 豆腐はキッチンペーパーで包み、電子レンジで3分加熱して水きりして冷ます。

2 豆腐のまわりにまんべんなくみそをぬり、ラップで全体をきっちり包んで密閉容器に入れ、冷蔵庫で1週間以上ねかせる。

3 みそをこそげ落とし、食べやすい大きさに切って盛りつける。

2～3週間目が食べごろ。ざっとつぶしてディップ状にし、スティック野菜と一緒に食べてもいい。

ワインの話

ワイン醸造用のぶどうはおいしくない？

生食しないのだから、ワイン用のぶどうはきっとまずいんだろう。そう思いがちですが、さにあらず。じつは甘みも酸味も強く、おいしいものが多いのです。欠点は皮がしっかりしていて実離れが悪いこと。おいしいワインは、おいしいぶどうから造られるのです。

スパークリングワインとシャンパンはどう違う？

「スパークリングワイン」は発泡性ワインの総称です。シャンパンは英語読みで、フランス語ではシャンパーニュ。「シャンパン」と名乗れるのはフランスのシャンパーニュ地方産の発泡性ワインだけなのです。しかもビンの中で再発酵させるなど、製造方法にも規定があります。

ですから、イタリアのスプマンテやスペインのカヴァなどはシャンパンではなく、スパークリングワインです。

【小鉢・小皿料理】

もう一品ほしいときに、ちょっとつまみたいときに…
小さなおつまみは、いつも嬉しい存在ですね。

三つ葉と油揚げのかつおぶしあえ

春菊の白あえ

三つ葉と油揚げのかつおぶしあえ

シャキシャキでパリパリで香ばしい一品。

【材料】
糸三つ葉　1束
油揚げ　1枚
しょうゆ　大さじ1
かつおぶし　適量

【作り方】
1 糸三つ葉は3センチ長さに切る。油揚げはざるの上で熱湯をまわしかけて油抜きする。
2 油揚げを焼き網でこんがりと焼き、熱いうちに細切りにする。
3 糸三つ葉と**2**の油揚げを合わせ、しょうゆとかつおぶしを加えて手早く混ぜる。

油揚げは縦半分に切ってから細切りにすると、ちょうどいい大きさに。

春菊の白あえ

ねっとりコクのあるあえ衣がお酒によく合います。

【材料】

春菊　1束
豆腐　1/3丁
ねりごま　大さじ1
砂糖　大さじ1
塩　小さじ1/3

【作り方】

1 春菊は色よくゆでて冷水にとり、水気を絞って2センチ幅に切る。豆腐はざるにあげ、そのまま20分ほどおいて水きりする。

2 豆腐をくずして、ねりごま、砂糖、塩を混ぜる。

3 春菊を**2**であえる。

ゆでたにんじんや糸こんにゃくを加えれば、彩りも味もアップ。

カリフラワーの酢みそがけ

オクラの煮びたし

カリフラワーの酢みそがけ

かためにゆでたカリフラワーがコリコリ心地いい。

【材料】

カリフラワー　1/4株
みそ　大さじ3
砂糖　大さじ3
酢　大さじ3

【作り方】

1 カリフラワーは小さめの小房に分け、かためにゆでてざるにあげ、あおいで冷ます。

2 すり鉢にみそと砂糖を入れてすりこ木ですりながら混ぜ合わせ、酢を少しずつ加えながらさらにすり混ぜる。

3 カリフラワーを盛りつけ、**2**の酢みそをかける。

酢みそにねり辛子を入れて辛子酢みそにしてもおいしい。

オクラの煮びたし

夏の晩酌にうれしい、ひんやりおつまみ。

【材料】

オクラ　1パック
濃いめのだし汁　$1\frac{1}{2}$カップ
酒　大さじ1
みりん　大さじ1
しょうゆ　大さじ$1\frac{1}{2}$
塩　小さじ$\frac{1}{2}$

【作り方】

1 オクラはボウルに入れてたっぷり塩（分量外）をふり、両手でこすり合わせるようにして産毛を取る。水でさっと洗い流し、全体を竹串でつつく。

2 鍋に濃いめのだし汁、酒、みりん、しょうゆ、塩を合わせて煮立てる。

3 **2**の鍋にオクラを加えてひと煮し、色が鮮やかになったら鍋ごと氷水に浮かべて冷ます。

弱火でじっくり煎ったちりめんじゃこを加えてもいい。

じゃがいもとコンビーフのわさび漬けあえ

新じゃがの酢の物

じゃがいもとコンビーフのわさび漬けあえ

不思議な組み合わせですが、予想を裏切るおいしさです。

【材料】

じゃがいも　2コ
コンビーフ　1缶（小）
わさび漬け　大さじ3～4
しょうゆ　少々

【作り方】

1 じゃがいもは皮をむいて柔らかくゆで、フォークの背などでつぶす。
2 コンビーフは1センチ角に切る。
3 じゃがいもにコンビーフとわさび漬けを加え混ぜ、しょうゆで味をととのえる。

コンビーフの代わりに油をよくきったツナでもOK。

新じゃがの酢の物

シャキシャキのじゃがいもを酢じょうゆで。

【材料】

新じゃが　1コ
酢　大さじ2
しょうゆ　大さじ1
しそ　2枚

【作り方】

1 新じゃがは皮をむいてせん切りにし、水がにごらなくなるまでよく洗う。

2 **1**を湯にくぐらせる程度にゆで、冷水にとって手早く冷まして水気をきる。

3 酢としょうゆを混ぜて**2**をあえる。せん切りにしたしそをあしらう。

酢じょうゆをあえてしばらくおいたほうが味がしみ込んでおいしい。

ふきのみそマヨネーズ

うどのアンチョビサラダ

ふきのみそマヨネーズ

しょうがの風味で、さっぱりしたみそマヨに。

【材料】

ふき　1/2本
みそ　大さじ1
マヨネーズ　大さじ2
しょうがのすりおろし　少々

【作り方】

1 ふきは塩（分量外）をふりかけ、まな板の上で手のひらでこすりつけるように転がす。塩がなじんだらそのままさっとゆでて冷水にとり、皮をむいて斜め薄切りにする。
2 みそ、マヨネーズ、しょうがのすりおろしを混ぜ合わせる。
3 ふきを**2**であえる。

ちくわやかまぼこを一緒にあえてもいい。

うどのアンチョビサラダ

うどの爽やかな香りに春を感じるおつまみです。

【材料】

うど　1本
にんにく　1かけ
アンチョビ　2枚
オリーブ油　大さじ1
レモン汁　少々
塩　少々

【作り方】

1 うどは皮をむいて5ミリ幅の小口切りにし、ボウルに入れる。

2 にんにくとアンチョビはみじん切りにする。フライパンにオリーブ油とにんにくを入れて弱火にかけ、きつね色になったらアンチョビを加えて炒め合わせる。

3 **1**のボウルに**2**を加え、レモン汁と塩で味をととのえる。

クレソンをちぎって生のまま一緒にあえると、ほろ苦いサラダに。

えび春巻き

なすの薬味酢

えび春巻き

文句ナシのおいしさ！ これはやっぱりビールでしょう。

【材料】

えび　6尾

春巻きの皮　3枚

サラダ油　大さじ3

【作り方】

1 えびは頭と背わたを取り除き、殻をむく。

2 春巻きの皮をえびの長さに合わせて切り、えびに巻きつける。

3 フライパンにサラダ油を熱し、**2**を返しながらこんがりと焼く。

スイートチリソースやナンプラーを添えると、エスニック風に。

なすの薬味酢

薬味をたっぷりのせて、なすにかぶりついて。

【材料】

なす　2本
ごま油　大さじ3
ポン酢しょうゆ　大さじ4
ねぎ　5センチ
しょうが　1かけ
にんにく　1かけ

【作り方】

1 なすは縦6等分に切る。ねぎ、しょうが、にんにくはみじん切りにする。

2 フライパンにごま油を熱し、なすをこんがり焼いて皿にとる。

3 2にポン酢しょうゆをたっぷりまわしかけ、ねぎ、しょうが、にんにくをのせる。

なすと一緒に、ししとうやオクラを焼いてもいい。ポン酢しょうゆを黒酢にしたり、豆板醤を加えたりしても。

ししとうのみそ炒め

にらとゆばの炒め煮

ししとうのみそ炒め

こってり甘いみそとピリッと辛いししとうが絶妙です。

【材料】

ししとう　$\frac{1}{2}$パック
ごま油　大さじ$\frac{1}{2}$
甜麺醤　大さじ1
しょうゆ　大さじ$\frac{1}{2}$
こしょう　少々

【作り方】

1 ししとうは炒めているときに爆発しないよう縦に切り込みを入れる。
2 フライパンにごま油を熱し、ししとうを炒める。
3 色が鮮やかになったら甜麺醤、しょうゆ、こしょうを加え、炒め合わせる。

甜麺醤がなければ、赤みそ大さじ2、みりん大さじ1、こしょう少々で味つけを。しょうゆは使わない。

にらとゆばの炒め煮

ゆばの食感が楽しく、味つけも濃いめでお酒がすすむ。

【材料】

にら　1束
干ゆば　2枚
サラダ油　大さじ$\frac{1}{2}$
だし汁　大さじ1
しょうゆ　大さじ1
みりん　大さじ1

【作り方】

1 にらは4センチ長さに切る。
2 干ゆばは水でもどして適当な大きさにちぎる。
3 フライパンにサラダ油を熱してにらとゆばを炒め、くったりしたらだし汁、しょうゆ、みりんを加えて汁気がなくなるまでさらに炒める。

ゆばがなければ、油抜きした油揚げを短冊切りにして。

泡盛の話

泡盛と焼酎はなにが違う？

すべて黒麹菌で造られる、主にタイ米が原料であるなど、沖縄特有の焼酎「泡盛」と他の焼酎との違いはいくつかあります。長期熟成に適しているというのもそのひとつ。3年以上熟成させたものは「古酒《くーす》」と呼ばれ、寝かせれば寝かせるほど、まろやかな味わいになります。しかも、嬉しいことに買ったときのビン詰めのままでも熟成がすすむので、飲むのをぐっと我慢すれば、家庭で古酒作りが楽しめるのです。

「泡盛」の名前の由来は？

ビールのように泡が出るわけでもないのに、よく考えてみたら変な名前です。その由来には諸説ありますが、「泡」にまつわる有力な説をご紹介しましょう。昔は蒸留したての泡盛の度数を調べるために、柄杓《ひしゃく》ですくった泡盛を高いところから器に注ぎ、その泡立ち具合で判断したというのです。「泡を盛って」計るから「泡盛」、というわけ。ちなみに、泡が高く盛り上がるものほど度数が高いのだそうです。

【とっておきの一品】

たまにはちょっと頑張って、本格的な一皿を。
おもてなしにも大活躍するごちそうです。

牛肉のたたき

ビーフストロガノフ

牛肉のたたき

わさびじょうゆでさっぱりと食べる、ごちそうおつまみ。

【材料】

牛ステーキ肉　1枚
塩、こしょう　各少々
サラダ油　大さじ1/2
玉ねぎ　1/4コ
赤芽　適量
わさび　適量
しょうゆ　適量

【作り方】

1玉ねぎは薄切りにして水にさらし、水気をきって赤芽と合わせる。

2フライパンにサラダ油を熱し、塩こしょうした牛肉を両面こんがりと焼きつける。

3牛肉をまな板にとってそぎ切りにし、皿に盛りつける。**1**、わさび、しょうゆを添える。

そぎ切りにした肉を皿に並べ、オリーブ油をかけて塩こしょうすればカルパッチョに。

ビーフストロガノフ

まろやかな味わいが赤ワインによく合うロシア料理です。

【材料】

牛こま切れ肉　200グラム
玉ねぎ　1/2コ
にんにく　1かけ
バター　大さじ2
生クリーム　1カップ
塩、こしょう　各少々

【作り方】

1 玉ねぎは薄切りに、にんにくはつぶす。

2 フライパンにバターを熱し、牛こま切れ肉を炒める。牛肉の色が変わったら玉ねぎとにんにくを加え、炒め合わせる。

3 生クリームを加えて煮詰め、とろりとしてきたら塩こしょうで味をととのえる。

牛肉の代わりに豚こま切れ肉でもＯＫ。

ソーセージのトマト煮

ブロッコリーのマヨネーズグラタン

ソーセージのトマト煮

びっくりするくらい簡単なのに、まるでレストランの味。

【材料】

ソーセージ　3～4本
トマトジュース　1カップ
塩、こしょう、砂糖　各少々

【作り方】

1 ソーセージとトマトジュースを鍋に入れて火にかける。
2 トマトジュースがとろりとするまで中火で煮詰める。
3 塩、こしょう、砂糖で味をととのえる。

耐熱容器に盛りつけ、溶けるチーズをのせてオーブントースターで焼けばグラタン風。

ブロッコリーのマヨネーズグラタン

ホワイトソースいらずの手間なしグラタン。

【材料】

ブロッコリー　1/2株
マヨネーズ　1/2カップ
卵1コ
塩、こしょう　各少々
ナツメグ　少々
おろしにんにく　少々

【作り方】

1 ブロッコリーは小房に分け、かためにゆでてざるにとる。
2 マヨネーズ、卵、塩、こしょう、ナツメグ、おろしにんにくを混ぜる。
3 耐熱容器にブロッコリーを入れ、**2**をかけてオーブントースターで20分ほど焼く。

焦げやすいので、アルミホイルをかぶせて焼くといい。

きんめだいのアクアパッツァ風

わかさぎのフリット

きんめだいのアクアパッツァ風

フライパンひとつでできるイタリアの魚料理です。

【材料】

きんめだい（切り身）　2切れ
にんにく　1かけ
唐辛子　1本
オリーブ油　大さじ1
水　適量
トマト　1コ
アンチョビ　1切れ
塩　少々
イタリアンパセリ　適量

【作り方】

1 にんにくはつぶす。トマトは2センチ角に切る。イタリアンパセリはみじん切りにする。

2 フライパンににんにく、唐辛子、オリーブ油を入れて弱火にかけ、香りが立ったらきんめだいを入れて強火で両面焼きつける。

3 **2**にひたひたの水を注ぎ、トマトとアンチョビを加え、ふたをして中火で蒸し煮にする。魚に火がとおったら塩で味をととのえ、イタリアンパセリを加える。

たいやあじなどでもおいしい。

わかさぎのフリット

ハーブが香るフライは、よく冷えた白ワインのおともに。

【材料】

わかさぎ　10尾
天ぷら粉　大さじ4
水　大さじ3
粉チーズ　大さじ1
タイム、オレガノ（乾燥）　各少々
塩、こしょう　各少々
揚げ油　適量
バジル　適量

【作り方】

1 天ぷら粉を水で溶き、粉チーズ、タイム、オレガノ、塩、こしょうを混ぜて衣を作る。

2 わかさぎに衣をつけ、170〜180度の油でからりと揚げる。

3 皿にバジルをしき、わかさぎのフリットを盛りつける。

えび、白身魚、鶏のささみなどでもOK。

さばのココナッツミルク煮

エスニックオムレツ

さばのココナッツミルク煮

缶詰のさばの水煮が、まさかのタイ料理に変身です。

【材料】

さばの水煮（缶詰）　1缶
（200グラム）
ココナッツミルク　3/4カップ
ナンプラー　大さじ1
砂糖　大さじ1
にんにくのすりおろし　小さじ1/2
香菜　適量

【作り方】

1 さばの水煮とココナッツミルクを鍋に入れ、中火にかける。
2 煮立ってきたらナンプラー、砂糖、にんにくのすりおろしで味をととのえる。
3 火をとめる直前に、刻んだ香菜を加える。

豆板醤やカレー粉などをプラスして、ピリ辛味にしても。

エスニックオムレツ

にんにくと唐辛子をきかせたオムレツは、ビールに最高！

【材料】

卵　2コ
牛ひき肉　50グラム
しょうゆ　大さじ1
砂糖　大さじ1
にんにく　少々
刻み唐辛子　少々
サラダ油　大さじ2
きゅうり、バジル、香菜　各適量

【作り方】

1 にんにくはみじん切りにする。

2 ボウルに牛ひき肉、しょうゆ、砂糖、にんにく、刻み唐辛子を入れて混ぜ合わせ、卵を溶きほぐして加え混ぜる。

3 フライパンにサラダ油を熱し、**2**を流し入れて薄く平らに両面をこんがり焼く。皿に盛りつけ、きゅうりの薄切り、バジル、香菜を添える。

スイートチリソースを添えると、よりエスニック気分が盛り上がる。

牛肉のタイ風サラダ

チヂミ

牛肉のタイ風サラダ

味つき肉を使ってパパッと作るアジアのごちそう。

【材料】
味つき焼肉用牛肉　100グラム
玉ねぎ　1/2コ
トマト　1コ
香菜　3～5本
ナンプラー　大さじ1
ライムの絞り汁　大さじ1

【作り方】
1 牛肉はフライパンで焼く。
2 玉ねぎは薄切り、トマトはくし形に切る。香菜は2センチ幅に切る。
3 **1**と**2**を混ぜ、ナンプラーとライムの絞り汁であえる。

にんにくや唐辛子のみじん切りを加えてもいい。

チヂミ

うまみたっぷりのあさりの生地は、食べごたえ充分です。

【材料】

卵　2コ
にら　$\frac{1}{2}$束
あさりのむき身（缶詰）　30グラム
サラダ油　大さじ1
ポン酢しょうゆ　大さじ3
コチュジャン　小さじ1
長ねぎのみじん切り　大さじ1
にんにくのみじん切り　小さじ$\frac{1}{2}$

【作り方】

1 にらは1センチ幅に切る。卵を溶きほぐし、にらとあさりのむき身を混ぜ合わせる。

2 フライパンにサラダ油を熱し、**1**を小さな丸型に流し入れて両面焼く。

3 ポン酢しょうゆ、コチュジャン、長ねぎとにんにくのみじん切りを合わせたたれを添える。

キムチを加えればキムチチヂミに、かきやいかを加えれば海鮮チヂミになる。

ウンチクおつまみ

ウイスキーの話

ウイスキーと焼酎は親戚？

お酒には2種類あります。醸造酒と蒸留酒です。

簡単に言ってしまえば醸造酒は穀類や果実などの原料を発酵させて造るお酒。蒸留酒は醸造酒を蒸留したもの、つまり醸造酒を熱して蒸発させ、その気化した気体を冷やして液体に戻したものです。蒸留することで、元の醸造酒よりもアルコール度数が高くなります。

ワイン、日本酒、ビールなどが醸造酒で、ウイスキーや焼酎は蒸留酒に分類されます。

ウイスキーの原料は大麦、ライ麦、とうもろこしなど、焼酎の原料は芋、麦、米など。原料の違いこそあれ、この2つのお酒は同じ製法で世に生まれ出るのです。

イタリアのグラッパ、メキシコのテキーラ、ロシアのウォッカも蒸留酒。ウイスキーの親戚は、世界中にいるのです。

【漬け物・サラダ】

野菜がたりないな…。そんなときはコレ!
もちろん、お酒にもよく合います。

中華風たたききゅうり

きゅうりのゆかり漬け

かぶの中華風しょうゆ漬け

かぶの辛子漬け

中華風たたききゅうり

【材料】

きゅうり　1本

オイスターソース　大さじ1

酢　大さじ2

ごま油　少々

豆板醤　少々

おろしにんにく　少々

こしょう　少々

【作り方】

1 きゅうりはめん棒やビンで叩いて割れ目を入れ、手で割りほぐす。

2 オイスターソース、酢、ごま油、豆板醤、おろしにんにく、こしょうを混ぜ合わせる。

3 きゅうりと**2**を混ぜ、しんなりするまでおく。

きゅうりのゆかり漬け

【材料】

きゅうり　1本

ゆかり　小さじ1

【作り方】

1 きゅうりは4センチ長さに切り、さらに縦4等分する。

2 きゅうりをボウルに入れ、ゆかりをまぶす。

3 少しおいて味をなじませる。

細切りにした大根でもおいしい。

かぶの中華風しょうゆ漬け

【材料】

かぶ（小）　2コ
しょうゆ　1/4カップ
砂糖　大さじ1
豆板醤　小さじ1
ごま油　小さじ1
にんにく　1かけ

【作り方】

1 かぶは縦半分に切り、茎のほうを切り離さないように、縦に細かく切り込みを入れる。にんにくは薄切りにする。

2 しょうゆ、砂糖、豆板醤、ごま油、にんにくの薄切りを合わせる。

3 かぶを**2**に漬け、しんなりするまで30〜40分おく。

かぶの辛子漬け

【材料】

かぶ　1コ
しょうゆ　大さじ2
みりん　小さじ1
ねり辛子　小さじ1

【作り方】

1 かぶは縦半分に切ってから5ミリ幅に切る。

2 しょうゆ、みりん、ねり辛子を合わせる。

3 かぶを**2**に漬け、しんなりするまでおく。

4〜5センチ長さの薄切りにしたセロリやにんじんでもいい。

きゃべつのもみ漬け

レタスのもみ漬け

セロリのにんにくじょうゆ漬け

新しょうがの甘酢漬け

きゃべつのもみ漬け

【材料】

きゃべつ　2枚
長ねぎ　10センチ
しょうが　1かけ
にんにく　1かけ
ナンプラー　大さじ1

【作り方】

1 きゃべつはひと口大にちぎる。

2 長ねぎ、しょうが、にんにくはせん切りにして、きゃべつと混ぜる。

3 **2**にナンプラーをふりかけ、手でもんでしんなりさせる。

しゃぶしゃぶ用の豚肉や牛肉をゆでて混ぜてもおいしい。

レタスのもみ漬け

【材料】

レタス　$\frac{1}{4}$コ
しょうゆ　大さじ1
ごま油　大さじ1
砂糖　少々
ごま、青のり　各適量

【作り方】

1 レタスをひと口大にちぎってボウルに入れる。

2 **1**にしょうゆ、ごま油、砂糖を加え、手でもんでしんなりさせる。

3 ごまと青のりを混ぜる。

作ってから時間をおくと水分が出てしまうので、食べる直前に調理する。

セロリのにんにくじょうゆ漬け

【材料】
セロリ　1本
にんにく　1かけ
しょうゆ　適量

【作り方】
1 セロリは筋を取り、5～6センチ長さ、7～8ミリ角のスティック状に切る。
2 にんにくはつぶす。
3 セロリとにんにくをボウルに合わせ、しょうゆをかぶるくらい注いで1時間ほど漬ける。

ビニール袋にすべての材料を入れ、空気をしっかり抜いて漬けると簡単で早い。

新しょうがの甘酢漬け

【材料】
新しょうが　200グラム
酢　1カップ
砂糖　1/4カップ
塩　小さじ2

【作り方】
1 酢、砂糖、塩を混ぜ合わせ、甘酢を作る。
2 新しょうがは薄切りにして、色が変わる程度にゆでて湯をきる。
3 **2**を容器に入れ、冷めないうちに**1**の甘酢をひたひたになるまで加えて混ぜる。

2～3カ月は冷蔵庫で保存が可能。

トマトの中華風サラダ

しんなり大根サラダ

パプリカのコールスロー

ブロッコリーのオニオンドレッシングサラダ

トマトの中華風サラダ

【材料】
トマト　1コ
しょうゆ　小さじ1
酢　小さじ1
オイスターソース　小さじ1
ごま油　小さじ1
こしょう　少々

【作り方】
1 トマトはひと口大に切って冷蔵庫で冷やしておく。
2 食べる直前にしょうゆ、酢、オイスターソース、ごま油を加えてあえる。
3 こしょうをふってできあがり。

長ねぎのみじん切りやにんにくのすりおろしをプラスしてもいい。

しんなり大根サラダ

【材料】
大根　5センチ
酢　小さじ1
ごま油　小さじ1
粉山椒　少々

【作り方】
1 大根は細切りにする。
2 **1**を塩水につけ、しんなりしたら水気を絞る。
3 **2**を酢、ごま油、粉山椒であえる。

塩水の代わりに冷水につけると大根はパリッとして、パリパリサラダになる。

パプリカのコールスロー

【材料】

赤パプリカ、黄パプリカ　各1/2コ
玉ねぎ　1/4コ
ロースハム　2枚
にんにく　1かけ
マヨネーズ　大さじ4
こしょう　少々
パプリカパウダー　少々
チリペッパー　少々

【作り方】

1 赤パプリカと黄パプリカは1センチ角に切る。

2 玉ねぎ、ロースハム、にんにくはみじん切りにする。

3 **1**と**2**を混ぜて、マヨネーズ、こしょう、パプリカパウダー、チリペッパーであえる。

ブロッコリーのオニオンドレッシングサラダ

【材料】

ブロッコリー　1/2株
酢　大さじ2
塩　小さじ1/2
こしょう　少々
玉ねぎ　1/4コ
サラダ油　大さじ4

【作り方】

1 ブロッコリーは小房に分け、ゆでてざるにとってあおいで冷ます。

2 ドレッシングを作る。酢、塩、こしょう、みじん切りにした玉ねぎを混ぜ合わせ、サラダ油を少しずつ加えて混ぜる。

3 ブロッコリーをドレッシングであえる。

かぼちゃの梅サラダ

新玉ねぎの和風サラダ

いんげんのピーナッツあえ

にんじんのソムタム

かぼちゃの梅サラダ

【材料】
かぼちゃ　250グラム
みょうが　1コ
あさつき　2本
ちりめんじゃこ　大さじ2
梅肉ペースト　大さじ1
ごま油　少々
砂糖　少々
こしょう　少々

【作り方】
1 かぼちゃは柔らかくゆでてつぶす。
2 みょうがとあさつきは小口切り、ちりめんじゃこはフライパンでから煎りする。
3 **1**のかぼちゃに**2**と梅肉ペーストを混ぜ、ごま油、砂糖、こしょうで味をととのえる。

新玉ねぎの和風サラダ

【材料】
新玉ねぎ　1/2コ
かつおぶし　大さじ2（3グラム）
青のり　適量
刻みのり　適量
ごま油　適量
しょうゆ　適量

【作り方】
1 新玉ねぎはできるだけ薄く切る。
2 **1**を水にさらしてパリッとさせ、水気をきる。
3 **2**を盛りつけ、かつおぶし、青のり、刻みのりをふりかけ、ごま油としょうゆをかける。

酢を少々加えてもおいしい。

いんげんのピーナッツあえ

【材料】

さやいんげん　50グラム
ピーナッツバター　大さじ1
しょうゆ　大さじ1
砂糖　大さじ1

【作り方】

1 さやいんげんは3センチ長さに切り、熱湯でかためにゆでて冷ます。

2 ピーナッツバター、しょうゆ、砂糖を混ぜ合わせる。

3 さやいんげんを**2**であえる。

ピーナッツバターを使ったあえ衣は、ほうれん草や小松菜にもよく合う。

にんじんのソムタム

【材料】

にんじん　1本
ナンプラー　大さじ1
ライムの絞り汁　大さじ1
砂糖　大さじ1
にんにく　1かけ
唐辛子　1本

【作り方】

1 にんじんは細切りにする。にんにくと唐辛子はみじん切りにする。

2 ボウルにナンプラー、ライムの絞り汁、砂糖、にんにく、唐辛子を入れて混ぜる。

3 **2**ににんじんを加えてよく混ぜる。

砕いたピーナッツや煎った桜えびを混ぜると本格的なソムタムに。

おもな材料別さくいん〈50音順〉

【肉】

牛肉

エスニックオムレツ　177
牛肉のタイ風サラダ　180
牛肉のたたき　164
サテー　85
ビーフストロガノフ　165

鶏肉

ごぼうのつくね　69
ささみのわさび焼き　72
手羽先の塩揚げ　32
鶏手羽ナンプラー　84
鶏ねぎ甘辛炒め　99
焼き鳥　68

豚肉

サテー　85
豚肉のザーサイ蒸し　34
豚肉の高菜炒め　98
豚ばら肉のセロリ巻き　81

ベーコン・ソーセージ・コンビーフ・チャーシュー

コンビーフと玉ねぎのマヨあえ　46
じゃがいもとコンビーフのわさび漬けあえ　146
ソーセージのトマト煮　168
大根とベーコンの洋風煮　22
長いもとベーコンの黒こしょう炒め　102
ねぎチャーシュー　42

【魚介】

あさり

あさりと小ねぎの卵とじ　28
チヂミ　181

あじ

あじのタルタル　51

いか

いかのカレー炒め　107

いわし

いわしのレモンマリネ　59

うなぎ

うなぎとゴーヤーの甘酢あえ　45

えび

えびのパン粉焼き　80

えび春巻き 154
かき
かきの磯辺焼き 26
かきのキムチ 63
かつお
かつおのエスニック風たたき 54
きんめだい
きんめだいのアクアパッツァ風 172
さけ
さけのマヨネーズ焼き 16
さんま
さんまのハーブ焼き 20
ししゃも
ししゃもの南蛮漬け 18
しめさば
しめさばとみょうがのあえ物 58
たい
たいと焼きねぎの梅だれ 55
たいのコチュジャンあえ 62
たこ
たこの唐揚げ 90
たこわさび 50
トマトとたこのバターじょうゆ炒め 106
はまぐり
はまぐりのナンプラー炒め 30
ぶり
ぶりの照り焼きカレー風味 24
明太子
セロリの明太子あえ 43
わかさぎ
わかさぎのフリット 173

【野菜】

アスパラガス
アスパラガスのチーズ焼き 125
うど
うどのアンチョビサラダ 151
オクラ
オクラの煮びたし 143
かぶ
かぶの辛子漬け 187
かぶの中華風しょうゆ漬け 187
かぶの粒マスタードあえ 39
かぼちゃ
かぼちゃの梅サラダ 198
カリフラワー

カリフラワーの酢みそがけ　142
きゃべつ
きゃべつとザーサイのあえ物　41
きゃべつのもみ漬け　190
きゅうり
きゅうりのゆかり漬け　186
中華風たたききゅうり　186
ゴーヤー
うなぎとゴーヤーの甘酢あえ　45
ゴーヤーチャンプルー　36
ごぼう
ごぼうのつくね　69
さといも
さといものにんにくソテー　103
さやいんげん
いんげんのピーナッツあえ　199
ししとう
ししとうのみそ炒め　158
じゃがいも
じゃがいもとコンビーフのわさび漬けあえ　146
じゃがいものチーズ焼き　124
新じゃがの酢の物　147
春菊
春菊の白あえ　139
新しょうが
新しょうがの甘酢漬け　191
セロリ
セロリのにんにくじょうゆ漬け　191
セロリの明太子あえ　43
豚ばら肉のセロリ巻き　81
大根
しんなり大根サラダ　194
大根とベーコンの洋風煮　22
たけのこ
焼きたけのこ　73
玉ねぎ
コンビーフと玉ねぎのマヨあえ　46
新玉ねぎの和風サラダ　198
とうがん
とうがんのしょうが酢あえ　44
トマト
トマトとオリーブの即席マリネ　47
トマトとたこのバターじょうゆ炒め　106
トマトの中華風サラダ　194
長いも
たたきとろろの梅肉がけ　38

長いもとベーコンの黒こしょう炒め　102
なす
なすの薬味酢　155
にら
にらとゆばの炒め煮　159
チヂミ　181
にんじん
にんじんのソムタム　199
ねぎ
あさりと小ねぎの卵とじ　28
たいと焼きねぎの梅だれ　55
鶏ねぎ甘辛炒め　99
ねぎチャーシュー　42
ねぎのかわり天ぷら　95
白菜
白菜の塩昆布あえ　40
パプリカ
パプリカのコールスロー　195
ふき
ふきのみそマヨネーズ　150
ブロッコリー
ブロッコリーのオニオンドレッシングサラダ　195
ブロッコリーのマヨネーズグラタン　169

ほうれん草
ほうれん草の塩辛炒め　110
三つ葉
三つ葉と油揚げのかつおぶしあえ　138
みょうが
しめさばとみょうがのあえ物　58
みょうがのおかか揚げ　94
もやし
たくあんともやしのごま炒め　111
レタス
レタスのもみ漬け　190

【卵・チーズ】

卵
あさりと小ねぎの卵とじ　28
エスニックオムレツ　177
チヂミ　181
チーズ
アスパラガスのチーズ焼き　125
カマンベールのフライ　116
じゃがいものチーズ焼き　124
チーズディップ　121
チーズフォンデュ　120

春巻きピザ　117
もちチーズ焼き　128

【豆腐・大豆製品】

厚揚げ・油揚げ
厚揚げのマヨネーズ焼き　77
納豆いなり　76
三つ葉と油揚げのかつおぶしあえ　138

豆腐
春菊の白あえ　139
豆富の照り焼き　129
豆富のトマトソース煮　132
豆富のみそ漬け　133

納豆
納豆いなり　76

ゆば
にらとゆばの炒め煮　159

【そのほか】

アンチョビ
うどのアンチョビサラダ　151

オリーブ
トマトとオリーブの即席マリネ　47

ザーサイ
きゃべつとザーサイのあえ物　41
豚肉のザーサイ蒸し　34

さばの缶詰
さばのココナッツミルク煮　176

塩辛
ほうれん草の塩辛炒め　110

高菜
豚肉の高菜炒め　98

たくあん
たくあんともやしのごま炒め　111

ちくわ
ちくわの磯辺揚げ　91

春巻きの皮
えび春巻き　154
春巻きピザ　117

もち
もちチーズ焼き　128

わさび漬け
じゃがいもとコンビーフのわさび漬けあえ　146
たこわさび　50

青春文庫

3行《ぎょう》レシピでつくる
居酒屋《いざかや》おつまみ 厳選《げんせん》100

2007年10月20日　第1刷
2008年 8 月15日　第2刷

著　者　検《けん》見《み》﨑《ざき》聡《さと》美《み》

発行者　小澤源太郎

責任編集　株式会社プライム涌光

発行所　株式会社青春出版社

〒162-0056　東京都新宿区若松町 12-1
電話 03-3203-2850（編集部）
03-3207-1916（営業部）
振替番号　00190-7-98602

印刷／図書印刷
製本／豊友社

ISBN 978-4-413-09377-4